AF343247

La Société des Nations
et la
Petite Entente

CONFÉRENCE

Faite le 30 Mai 1923

au GRAND ORIENT DE FRANCE

Sous la Présidence du T.·. ILL.·. F.·. MILLE
Président du Cons.·. de l'O.·.

assisté d'une Délégation du Cons.·. de l'O.·.
et du Coll.·. des Rites

PAR

M. SPALAÏKOVITCH

Ancien Ministre des Affaires Étrangères
Premier Délégué du Royaume des Serbes, Croates et Slovènes
à la 1re Assemblée de la Société des Nations

(Avec une Résolution votée et adressée aux F.·. M.·.
des Pays de la Petite Entente)

PARIS

La Société des Nations et la Petite Entente

CONFÉRENCE

Faite le 30 Mai 1923

.au GRAND ORIENT DE FRANCE

Je vous remercie de l'hospitalité que vous voulez bien m'accorder pour vous exposer, dans un résumé succinct, non seulement mon credo personnel, mais aussi la foi politique de mon pays en ce qui concerne l'avenir d'un des plus graves et des plus intéressants problèmes qui, à juste titre, préoccupe l'humanité entière. Ce problème est celui de la paix, c'est-à-dire celui du progrès, de la civilisation et de l'avenir du genre humain.

**

Après une guerre qui dura près de cinq années et dans laquelle les peuples des cinq parties du monde prirent part, il fut évident pour tout esprit sensé que l'humanité ne pourrait supporter une fois encore un pareil cataclysme. La répétition d'une catastrophe analogue aurait amené la destruction de toutes les richesses et l'anéantissement de la civilisation. Les misères infinies, conséquence de la guerre, provoquent des perturbations économiques, et celles-ci engendrent des bouleversements sociaux dont il est souvent impossible de dominer toutes les tendances ni de peser toutes les répercussions. L'anarchie russe en est une preuve. Depuis la chute de l'Empire romain, l'histoire n'a point enregistré de plus formidable événement. L'Europe moderne était menacée de sombrer dans la tempête, comme le monde romain croula sous l'invasion des barbares.

Dans l'effroi d'une pareille perspective, les peuples et les gouvernements furent naturellement et logiquement poussés à chercher dans la constitution d'une Ligue ou Société des Nations une formule nouvelle des rapports internationaux. Dans l'apaisement qui suivit le conflit et au milieu des ruines abandonnées par la guerre, on eut le sentiment très net qu'un monde nouveau s'élaborait. La coalition victorieuse des nations démocratiques répudia toute conquête et renonça à toute indemnité de guerre à titre pénal. Elle proclama sa volonté d'appliquer son idéal de justice et de droit à ses adversaires mêmes.

La constitution de la Société des Nations est le premier grand et sérieux effort humain vers la paix. Les auteurs du Pacte de 1919, certes, n'avaient pas la prétention de faire d'un trait de plume un édifice complet et parfait, ainsi que l'a déjà fait remarquer un de ses auteurs, mon illustre ami lord Robert Cecil. Il ne s'agissait alors que d'en assurer les premières assises sur des bases solides. Le temps achévera l'édifice de la solidarité complète des nations et l'empire du Droit sera fondé sur la conscience commune de cette solidarité.

Signalons sous ce rapport comme un grand progrès, déjà réalisé, cet engagement pris par tous les États, membres de la Société des Nations, de se garantir réciproquement leur intégrité et leur sécurité. Ne faut-il pas voir là une sorte d'alliance universelle pour le maintien de la paix sur la base de deux grandes vérités qui doivent, à l'avenir, régir les rapports entre les nations : la reconnaissance de leur droit à l'existence, d'une part, et la conscience de leur solidarité, d'autre part.

La Société des Nations est une œuvre humaine, une organisation internationale, laquelle, comme toutes les œuvres humaines fondées sur le Droit et la bonne foi, est incontestablement utile et pourra porter des fruits à condition que les nations aient de la patience dans le présent et de la confiance dans l'avenir. La semence est jetée, les germes ont déjà poussé et la plante ne pourra que croître. Gardons-nous donc de toute exagération dans l'un ou l'autre sens. Modérons l'optimisme excessif qui y voit déjà la charte d'un État universel et la garantie d'une paix éternelle. Mais blâmons sans réserve les sceptiques et les pessimistes qui proclament d'avance sa faillite sans se rendre compte que par cela même ils proclament aussi celle de la civilisation.

La sagesse est dans ces paroles de M. Georges Scelle, l'auteur du beau livre *Le Pacte des Nations*, dont je me suis souvent inspiré dans mes méditations sur la valeur et l'avenir de la Société des Nations :

« La société internationale existe en fait, et à plusieurs degrés, mais elle est encore inorganique. Les institutions que l'on tente aujourd'hui pour la première fois, non pas de créer, car elles existent, non pas de systématiser, car mille théories diverses, sages ou folles, en ont été faites, mais de mettre pratiquement en œuvre, ont leurs qualités et leurs insuffisances. Il serait vain de croire qu'on puisse toujours développer les premières en combattant à jamais les secondes. La Société des Nations qui vient de naître utilisera nécessairement les matériaux du passé ; elle le fera dans un esprit nouveau, mais elle ne révolutionnera pas la terre. Elle rendra d'immenses services ; elle ne réalisera pas le bonheur universel. »

Qu'est-ce, en somme, que la Société des Nations ?

On l'entend quelquefois appeler aussi « la Ligue des Nations ». Et, en effet, elle est une ligue contre tous les dangers qui pourraient menacer la paix et la civilisation. Il y a d'abord le danger de la coalition ennemie d'hier, qui ne saurait être considéré comme disparu tant que le danger allemand pour la France, et par conséquent pour tous, subsistera. Il y a ensuite le danger d'anarchie que la Russie soviétiste s'efforce d'étendre vers l'Occident. La Société des Nations est une ligue aussi contre le danger de certaines tendances politiques comme l'impérialisme, le bolchevisme, l'esprit de revanche et toutes tractations secrètes et inavouables.

Au point de vue juridique, la Société des Nations est une association entre les nations libres, une sorte de lien conventionnel esquissé déjà par le plus grand rêveur du dix-huitième siècle, par Jean-Jacques Rousseau dans son *Contrat Social*. Les Etats, en aliénant une certaine partie de leur liberté, qu'ils déposent entre les mains de la Société des Nations, sans toutefois renoncer à aucune parcelle de leur souveraineté et sans se soumettre à l'autorité d'aucun super-Etat, prennent néanmoins certains engagements de la plus haute importance. Parmi ces engagements, le plus grave est, certainement, celui de ne pas se faire la guerre, ou, tout au moins, de ne recourir à cette terrible éventualité que dans des cas extrêmes et sous des conditions qui la rendent presque impossible.

C'est là une des plus hautes fonctions de la Société des Nations et c'est là aussi un des plus considérables progrès réalisés par le Droit international, dont la répercussion sur les idées et les mœurs se fera sentir dans l'évolution future de la vie internationale. Sous ce rapport, il faut mentionner encore une autre fonction, non moins importante, comme moyen d'éducation politique et morale internationale, celle de veiller sur l'exécution des traités. Le Pacte en fait même une des conditions pour l'admission des Etats dans la Société des Nations. Dans l'accomplissement loyal des engagements internationaux, le Pacte voit une des qualités essentielles requises pour qu'un Etat puisse être considéré digne d'entrer comme membre dans la grande cité internationale.

Et il n'en saurait être autrement. Dans la vie sociale comme internationale, qu'il s'agisse de rapports entre individus ou entre nations, toute la question de l'ordre et de la liberté se réduit à un point essentiel pour chaque individu comme pour chaque Etat et relatif à l'accomplissement de leurs devoirs et au respect de leurs droits. Il n'y a pas deux morales: Elle est une, la même pour les individus comme pour les collectivités. Egalement, il n'y a qu'un Droit et qu'une Justice, sans distinction d'époques ni de lieux. Le Droit ne saurait, comme l'ont prétendu les savants allemands, être la volonté du plus fort. Le Droit ne peut être que la volonté du plus juste. *Suum cuique* est un de ses éléments invariables et éternels. Or, serait-il juste que l'Allemagne conservât intacts tous ses moyens de production et toutes ses richesses quand, par la faute de cette même Allemagne, la France a subi la dévastation et la ruine complète d'une grande partie de son territoire et de sa population ? La voix de la justice crie à la conscience humaine : *suum cuique.* Il en résulte pour l'Allemagne l'obligation de réparer tous les torts qu'elle a commis.

Ainsi, l'institution de la Société des Nations marque une étape dans la réalisation de la conception classique du Droit dans le domaine de la vie internationale. Elle marquera aussi une date dans l'évolution de la politique internationale. Il n'y a pas de bonne politique extérieure, si elle ne conforme pas ses buts et ses moyens aux principes de la Morale et du Droit. La politique d'Etat doit consister à assurer sa propre sécurité tout en respectant l'ordre et la tranquillité générale. Toute autre conception de la politique, de ses buts et de ses moyens, serait entachée d'erreur non seulement au point de vue du Droit et de la Morale, mais aussi au point de vue de l'égoïsme national.

La politique internationale consistait avant dans le système de l'équilibre et des assurances et contre-assurances mutuelles, combiné par la diplomatie secrète et reposant sur les armements. Les peuples et leurs gouvernements n'avaient pas d'autres moyens pour assurer leur propre sécurité et la paix générale. Mais la dernière guerre a prouvé que ce système était défectueux, puisque l'organisation internationale, fondée sur lui, a fait faillite. En effet, le seul jeu des alliances ne peut réaliser qu'un état instable de relations internationales et aboutir fatalement à un conflit général. A défaut d'une autorité internationale supérieure, comme institution de contrôle et de régulateur du système des alliances, celles-ci, quand elles sont défensives, peuvent rarement, à elles seules, atteindre leur but, et, si elles sont offensives, elles constituent une source directe et permanente de dangers. Exemples : Triple Entente et Triple Alliance d'avant guerre. Avec l'apparition de la Société des Nations doit commencer une période de justice et de sécurité égales pour tous. Les accords particuliers entre Etats ou groupes d'Etats, conclus sous son égide et enregistrés obligatoirement dans ses bureaux, seront un complément naturel de ses efforts pacificateurs. Donc, plus de conspirations internationales, plus d'alliances agressives.

*
* *

Ce que l'on peut déclarer sans hésitation, ce que l'on peut affirmer sans crainte, c'est que la Société des Nations est un instrument de progrès. Si, parce qu'elle ne possède pas encore une force matérielle, ses dénigreurs la qualifient d' « impuissance organisée », elle n'en représente pas moins pour cela une puissance réelle. L'efficacité de son rôle et de ses décisions dans le règlement de plus graves questions, comme celle de Haute-Silésie, de relèvement économique et financier de l'Autriche, et tant d'autres, le confirment.

D'ailleurs, c'est de son développement futur qu'il faut attendre tous les effets que la Société des Nations est destinée à produire. Sa constitution tracée par le Pacte, quoique restreinte, renferme néanmoins tous les éléments nécessaires à son évolution.

Dans la conception du Pacte, la Société des Nations ne se présente pas comme un Etat d'Etats, comme un édifice international superposé aux unités politiques qui le composent, mais comme un faisceau international formé par une série d'engagements contractuels entre ces unités. La Société des Nations n'est pas un Etat, puisqu'elle n'a ni territoire, ni population, ni armée, mais elle est, sans doute, une personne juridique tout aussi élevée que l'Etat, ou, si l'on préfère, un sujet international *sui generis*, puisqu'elle est dotée de principales qualités requises à cet effet, notamment d'une volonté dépassant même sur un point celle de l'Etat, volonté d'imposer la paix à tous les Etats. Cette volonté a pour base une convention, à laquelle on ne peut adhérer qu'à certaines conditions. Ses signataires doivent s'engager à recourir, en dernier ressort, à la conciliation internationale, et non pas à la guerre, pour le règlement de leurs conflits éventuels. Cet engagement est garanti par une alliance générale, et non pas par une organisation coercitive.

Le pacte de la Société des Nations ne prétend pas supprimer définitivement entre ses adhérents le recours à la guerre pour lui substituer l'office d'une gendarmerie internationale. Pour le moment, c'est peut-être plus prudent. Comment, dans une situation comme celle d'aujourd'hui, où la plupart des nations préfèrent la violation du droit à l'emploi de la force pour le défendre, où la mauvaise foi de certains gouvernements et l'indifférence des autres paralysent l'œuvre de reconstitution générale, comment demander aux peuples de renoncer à toute sauvegarde personnelle, avant de leur avoir fourni une organisation internationale propre à leur garantir la vie et le droit ? Tant que la sécurité des nations demeurera précaire, et tant que les gouvernements ne se seront mis d'accord sur les mesures à prendre en commun contre celui qui essaye de se soustraire à ses obligations, nous devrons conserver des armes avec le droit de nous en servir.

Néanmoins, le Pacte rend la guerre non seulement plus difficile et plus rare entre membres de la Société des Nations, mais même impossible dans certains cas déterminés. Tous les membres de la Société s'engagent, on le sait, à soumettre leurs différends soit à une procédure d'arbitrage soit à l'examen du Conseil de la Société des Nations et à ne pas recourir à la guerre avant l'expiration d'un délai qui comprend tout le temps nécessaire à l'examen du litige, et en sus trois mois après le prononcé de la sentence arbitrale ou du rapport du Conseil. Le moratoire, au cas d'arbitrage, est ainsi de neuf mois (art. 12 du Pacte).

En matière de conciliation, le Pacte a organisé la médiation politique, conçue comme le moyen le plus puissant d'assurer la solution pacifique des conflits dangereux.

Le Pacte prévoit aussi la possibilité pour le Conseil de déférer l'affaire à l'Assemblée de la Société des Nations.

Malgré de nombreuses et larges fissures dans l'organisation juridique de ses institutions, le Pacte a heureusement prévu quelque chose de réel pour assurer la paix et prévenir les violences, c'est la compétence puissante et effective du Conseil de la Société des Nations. En effet, aux termes de l'article 11, intitulé : « Menaces de guerre » : « Il est expressément déclaré que toute guerre ou menace de guerre, qu'elle affecte directement ou non l'un des membres de la Société, intéresse la Société toute entière et que celle-ci doit prendre les mesures propres à sauvegarder efficacement la paix des nations. En pareil cas, le Secrétaire général convoque immédiatement le Conseil à la demande de tout membre de la Société. » Egalement, « tout membre de la Société a le droit, à titre amical, d'appeler l'attention de l'Assemblée ou du Conseil sur toute circonstance de nature à affecter les relations internationales et qui menace par suite de troubler la paix ou la bonne entente entre les nations, dont la paix dépend ».

***

L'une des caractéristiques les plus importantes des traités de paix, signés à la suite de la guerre mondiale, c'est qu'ils se trouvent placés tous et entièrement sous l'égide de la Société des Nations. Le Pacte, comme nous le savons, figure à la tête de chaque traité. On lui a donné la place d'honneur. On a voulu ainsi indiquer que les traités ne doivent pas être considérés comme l'énumération des conditions imposées aux vaincus par la coalition triomphante, mais bien comme une application dérivant de la nouvelle Charte internationale commune et relative aux droits et aux devoirs des peuples.

La Société des Nations, sous l'égide des Puissances, est chargée de veiller à l'exécution même des traités de paix. Elle doit, par exemple, assurer le désarmement de l'Allemagne et veiller à ce que les réparations pécuniaires ou en nature, qui ont été prévues, soient effectuées.

Mais, pour jouer ce grand rôle, encore faut-il que la Société des Nations dispose des armes nécessaires. Ainsi se pose inéluctablement le problème capital des sanctions. Il y aura toujours des fauteurs internationaux. La paix du monde ne sera garantie que par la présence d'une organisation coercitive, d'une force internationale organisée. Sur ce point, le Pacte, comme les traités de paix eux-mêmes, porte l'empreinte des conceptions anglo-saxonnes, bien que la France, en sa qualité de première puissance continentale, fût mieux à même de connaître et d'indiquer les principes et les moyens pour assurer réellement la paix future du continent. La supériorité des conceptions françaises, si on les avait adoptées, se serait manifestée notamment dans l'organisation des sanctions. Il appartiendra, certes, dans l'avenir, au génie français de porter, par des améliorations successives, l'institution de la Société des Nations vers le perfectionnement. Ce sera l'œuvre de demain. Et cette œuvre sera d'autant plus durable et définitive qu'elle se fera par la seule force de la persuasion.

La Société des Nations ne dispose, à présent, d'aucune force matérielle, lui appartenant en propre, pour assurer l'exécution de ses décisions et sanctionner le respect des traités. L'autorité morale, dont elle dispose, le plus souvent ne saurait suppléer à la contrainte. On ne peut que le regretter. Et, dans ces conditions, comment pourrait-on, par exemple, charger la Société des Nations d'un fardeau aussi lourd que le conflit actuel qui met aux prises la France et l'Allemagne dans la Ruhr ? Il lui faut, pour devenir ce que tous nous espérons qu'elle sera un jour, le champion vigoureux de la paix par le droit, le temps de se développer aussi physiquement. En d'autres termes, pour que son action pacifiste puisse être efficace, il faut qu'elle ait à sa disposition une force militaire suffisante.

S'il n'y avait que l'autorité morale de la Société des Nations ou celle des Grandes Puissances, tous ceux qui s'en moquent feraient ce qu'ils voudraient sans elle et malgré elle. Cela s'est vu tant de fois depuis la conclusion de la paix et cela se verra encore. Croit-on que les Allemands et les Hongrois puissent reconnaître si vite les règles du Droit comme normes des rapports entre Etats ? Comment la mentalité allemande et magyare se serait-elle déjà modifiée et convertie à l'idéal de la Société des Nations ? A Berlin comme à Budapest, il est vrai, on se sent actuellement paralysé, mais dans l'une comme dans l'autre capitale on ne voit de salut que dans la reconstitution de la force. L'Allemagne et la Hongrie restent de vivants dangers. Toutes les deux emploient les mêmes méthodes pour se soustraire aux obligations que les traités leur ont imposées. Toutes les deux voudraient nous préparer, si nous n'y prenions garde, un réveil désagréable.

Ainsi, la tranquillité de demain serait précaire, et la grande paix deviendrait une paix brève, malgré l'existence de la Société des Nations, s'il n'y avait pas, aux côtés de cette dernière et pour la soutenir, d'autres assurances solides et multiples.

Il ne paraîtrait, me semble-t-il, point oiseux aujourd'hui d'affirmer que, sans une France forte à l'Occident, les traités de paix ainsi que l'institution même de la Société des Nations eussent été déjà depuis longtemps bafoués. Le souci devant un tel danger a suscité également dans la partie orientale de l'Europe la formation d'une combinaison politique des plus utiles. Assurer leur propre sécurité, faciliter la tâche de la France et sauvegarder l'institution de la Société des Nations, voilà une triple fin qui poussa spontanément le royaume des Serbes-Croates-Slovènes, la Tchécoslovaquie et la Roumanie à s'unir dans un accord politique et à assumer, sous le titre de Petite Entente, sans même peut-être s'en rendre immédiatement compte, une des plus importantes fonctions que les nécessités actuelles de la vie internationale leur attribuaient, en faisant de ce nouveau groupe une barrière naturelle contre la poussée impérialiste du centre et la barbarie bolcheviste de l'Orient.

Malgré les premiers commentaires pessimistes qui accueillirent sa formation, la Petite Entente ne manqua pas de s'affirmer rapidement comme un élément utile à la politique de maintien de la paix. Ses principales raisons d'être se trouvent dans le manque de sécurité de la situation en Europe centrale, dans le sabotage des traités de paix et les manifestations de l'esprit de revanche par les Allemands et les Hongrois, et enfin dans les défauts d'action et de solidarité parmi les alliés groupés sous le nom de Grande Entente et tenant peu compte du point de vue des petits Etats. L'insécurité dans la situation de l'Europe centrale, causée et entretenue par les Etats responsables de la guerre mondiale, est une réalité dont il y a lieu de tenir compte, et le jeu de bascule auquel se livrèrent quelquefois les Puissances de la Grande Entente n'était pas toujours de nature à inspirer aux petits Etats une pleine confiance dans la direction de la politique internationale et dans les décisions de leurs grands alliés. Avec la création d'un bloc de quarante-cinq millions d'âmes, un nouveau facteur apparut dans le domaine de la politique européenne, et une nouvelle force organisée fut mise au service du droit international. La Petite Entente s'imposa et obtint vite plusieurs succès importants, dont le plus capital est l'obstacle apporté aux tentatives de restauration d'un Habsbourg sur le trône de Hongrie, car il n'est pas dou-

teux que, sans l'intervention énergique de la Petite
Entente, la conspiration des partisans de la dynas-
tie des Habsbourg eût été couronnée de succès
en Hongrie.

Il ne faut pas s'étonner de voir aussi l'Etat polo-
nais accéder progressivement à la Petite Entente
par d'importants actes politiques. C'est dans la
logique même des choses. La Pologne étant aussi
héritière d'une partie de l'ancienne Autriche-Hon-
grie et ayant à attendre le principal danger pour
son avenir de la part de l'Allemagne, elle a les
mêmes intérêts que la Petite Entente et la France
en ce qui concerne l'application intégrale des traités de paix.

Tout le monde voit maintenant la valeur de la
Petite Entente et son efficacité pour le maintien
de la paix de l'Europe centrale. Son rôle dans
l'Est de notre continent, comme celui de la France
à l'Ouest, est essentiellement pacifique. Leur but
commun est de protéger contre toute modification
violente le nouveau statut européen, établi par les
traités de paix, et de sauvegarder la paix elle-
même, ce bien suprême du monde, de toute per-
turbation nouvelle pouvant entraîner pour l'Europe des malheurs sans fin et des hécatombes sans
nom. La combinaison politique « France-Petite
Entente » entre donc dans le cadre des buts et
des principes du droit international nouveau, qui
sont à la base même du programme de la Société
des Nations. Cette combinaison en est, provisoi-
rement du moins, un complément nécessaire et
logique. Elle donne à l'institution de la Société
des Nations la possibilité de fonctionner et d'exer-
cer son rôle pacificateur dans l'Europe et, tant que
cette institution ne pourra s'appuyer sur ses propres forces, elle lui assure notamment le temps

nécessaire pour se développer. La permanence de la paix est pour le monde moderne une question de vie ou de mort à tel point que notre esprit ne saurait penser, sans épouvante, à ce que seraient une nouvelle guerre et les conséquences qu'elle engendrerait.

*
**

A toutes ces remarques et réflexions, que vous venez d'entendre, je ne saurais donner de meilleure conclusion qu'en rendant hommage au pacifisme éclairé de la France, pacifisme résolument opposé à tout retour d'impérialisme et de réaction mais en même temps profondément conscient des nécessités actuelles de la vie internationale. Je ne saurais mieux rendre cet hommage à la nation française qu'en m'associant à l'hommage universel dû à un de ses plus grands et meilleurs génies, devant la mémoire duquel l'humanité entière s'incline aujourd'hui avec vénération. Et c'est avec un cœur ému que je me fais l'honneur de terminer ce discours en citant les paroles adressées, il y a plus de trente ans, par le grand Pasteur, aux représentants des nations étrangères qui étaient venus le saluer, — paroles qui retentissent toujours comme l'écho éternel d'un vœu sublime légué à l'humanité par son bienfaiteur le plus grand. « Vous, leur a-t-il dit; qui êtes venus de si loin donner une preuve de sympathie à la France, vous m'apportez la joie la plus profonde que puisse éprouver un homme qui croit invinciblement que la science et la paix triompheront de l'ignorance et de la guerre, que les peuples s'entendront, non pour détruire, mais pour édifier, et que l'avenir appartiendra à ceux qui auront le plus fait pour l'humanité souffrante. »

RÉSOLUTION

A l'issue de la conférence de M. Spalaïkovitch et après les conclusions des TT∴ Ill∴ Ill∴ FF∴ Mille, Président du Cons∴ de l'O∴; Besnard, membre du Cons∴ de l'O∴, Secrétaire Général de la Fédération Internationale Maçonnique pour la Société des Nations (Groupe français), et les déclarations faites par D. Tomitch, représentant la F∴ M∴ yougoslave, la résolution suivante a été adoptée à l'unanimité :

« Les Francs-Maçons réunis le 30 mai 1923, en Ten∴ Blanche au Grand Orient de France, après avoir entendu l'exposé de M. Spalaïkovitch, premier délégué serbe-croate-slovène à la première Assemblée de la Société des Nations, sur le rôle assumé par la Petite Entente pour sauvegarder la paix dans l'Europe centrale, expriment leur satisfaction de voir que les peuples de la Petite Entente sont résolus à poursuivre une politique conforme aux engagements pris par les Etats signataires du Pacte de la Société des Nations ;

» Considérant qu'une telle ligne de conduite répond également à l'idéal de la Franc-Maçonnerie universelle, ils adressent leur salut fraternel aux Francs-Maçons des Pays de la Petite Entente et font appel à eux en vue de resserrer davantage les liens existant avec la Franc-Maçonnerie française, afin de coopérèr d'une façon plus efficace à l'œuvre de la Paix, dans l'intérêt commun de tous les peuples d'Europe. »

www.ingramcontent.com/pod-product-compliance
Lightning Source LLC
LaVergne TN
LVHW021815060726
842528LV00004B/1340